INSTITUT DE FRANCE

ACADÉMIE DES SCIENCES MORALES ET POLITIQUES

LA
JUSTICE CRIMINELLE
EN FRANCE ET EN ANGLETERRE

PAR

M. LE COMTE DE FRANQUEVILLE

Mémoire lu dans la séance du 4 mars 1893

PARIS

ALPHONSE PICARD ET FILS, ÉDITEURS
82, RUE BONAPARTE, 82

—

1894

EXTRAIT DU COMPTE RENDU

De l'Académie des sciences morales et politiques

(INSTITUT DE FRANCE)

PAR MM. HENRY VERGÉ ET P. DE BOUTAREL

Sous la direction de M. le Secrétaire perpétuel de l'Académie

---

LA JUSTICE CRIMINELLE

EN FRANCE ET EN ANGLETERRE.

———

« On ne peut pas dire que la procédure criminelle actuellement suivie en France contraste avantageusement avec
celle des Tudors et des premiers Stuarts, en ce qui con-
cerne l'accusé (1) ». Telle est l'opinion d'un éminent juge de
la Cour du Banc de la Reine, qui a établi, dans un livre
devenu classique, une comparaison entre la procédure
anglaise et la nôtre. Trop savant pour ignorer ce qu'était la
justice anglaise, au XVIᵉ et au XVIIᵉ siècle, trop modéré
pour qu'on le soupçonne de passion, trop juste pour qu'on
puisse le croire capable d'exagérer sa pensée, sir James
Stephen a exprimé un avis, qui n'est pas seulement le sien,
mais qui est généralement répandu parmi les juges
anglais (2), et qui, par conséquent, mérite d'être sérieusement examiné.

Est-il vrai que notre procédure criminelle soit, à ce
point, barbare ? Est-il exact que celle de l'Angleterre soit
aussi parfaite que l'affirment, à l'envi, les auteurs et les
magistrats ? Je me crois, à cet égard, parfaitement libre de
tout préjugé : d'un côté, je n'ai qu'une admiration limitée

---

(1) Stephen, *History of the criminal law*, vol. 1. ch. XI.

(2) J'ai eu l'honneur de m'entretenir avec presque tous les juges qui
siégeaient, il y quelques années, à la Cour suprême et avec beaucoup de
ceux qui en font encore partie : j'ai toujours trouvé la même opinion,
exprimée en des termes presque identiques.

pour nos codes et pour la magistrature actuelle et, de l'autre, je n'ai jamais été accusé de dénigrer systématiquement les institutions de l'Angleterre : c'est donc en toute impartialité que je crois pouvoir répondre à ces questions.

A première vue, assurément, rien ne semble plus satisfaisant que la procédure des cours criminelles d'Angleterre. Quand on suit les débats d'une cause célèbre, dans laquelle l'accusé a pu se procurer l'assistance d'illustres avocats, assigner de nombreux témoins à décharge et faire procéder à des expertises par des savants en renom, on demeure convaincu qu'il est impossible d'imaginer un système qui assure mieux l'efficacité de la défense, qui soit plus humain et plus équitable, qui présente plus de garanties contre la possibilité d'une erreur. Mais si, au lieu d'étudier la procédure dans les livres ou dans les journaux, on la suit à l'audience même, non plus dans les rares affaires à sensation, mais dans les causes ordinaires, qui constituent la besogne habituelle des assises, l'impression est toute différente.

Lorsqu'un malade, atteint d'anémie grave, consulte un traité de médecine, il voit que la faculté prescrit une nourriture substantielle, des viandes rôties et saignantes, des vins généreux, l'absence de toute fatigue physique ou morale, le grand air et le séjour sur les altitudes. La prescription est admirable ; les riches qui la suivent ponctuellement y peuvent trouver le salut, mais, pour les pauvres, qui n'ont ni argent, ni loisir, ni moyen de vivre sans travail, c'est une amère dérision. Tel est le cas de la procédure criminelle, en Angleterre. Théoriquement, et telle qu'on la voit exposée dans les livres, elle semble offrir à l'accusé le maximum de protection et de garanties compatibles avec les nécessités d'une sérieuse répression des crimes ; mais l'impression se modifie, si l'on examine avec soin ce qui se passe, en réalité.

Suivons-le par ordre et dès le début. Pour que la justice

soit saisie, il faut qu'une plainte soit portée et, s'il ne s'agit
pas d'une félonie, il faut encore qu'elle ne soit pas retirée
avant le jugement. Il y a, en effet, une première catégorie
d'actes délictueux ou criminels, comprenant plusieurs cas
de vols, d'attentats à la pudeur, de coups et blessures
graves, de parjure, de subornation de témoins, de recel,
d'abus de confiance, etc., en un mot tous ceux que la loi
qualifie de *misdemeanours*, que l'on peut absolument soustraire à la justice. Aussi, les auteurs de ces méfaits, s'ils
ont quelques ressources, trouvent-ils aisément moyen
d'échapper à toute condamnation.

Je n'insiste pas sur l'instruction préliminaire, si ce n'est
pour faire observer qu'elle est souvent bien insuffisante et
incomplète. Elle est dirigée par la police, assistée de *solici-
tors*, dont les poursuites de ce genre ne sont pas la seule
occupation et elle est suivie devant des cours de juridiction
sommaire, dont le plus grand nombre sont tenues par des
juges de paix amateurs ; enfin il est trop facile aux personnes aisées de faire opportunément voyager des témoins
gênants, ou même d'obtenir leur silence. J'ajoute que,
grâce à la très large concession des mises en liberté provisoire, beaucoup de criminels peuvent se soustraire à l'in-
famie, en quittant le pays (1) et en sacrifiant une somme
d'argent qui n'est généralement pas excessive. On peut, il
est vrai, se demander si la vindicte publique n'est pas suffisamment satisfaite, dans la plupart des cas, lorsqu'un coupable se condamne volontairement à une forte amende et
à l'un des plus durs châtiments qui se puisse concevoir,
celui de l'exil.

J'arrive au jugement lui-même, et c'est ici que se pressent
les critiques essentielles. Parmi les accusés qui sont assistés

(1) C'est, notamment, ce qu'ont fait, dans une affaire récente, des
hommes de la haute société, accusés d'avoir éprouvé, pour de jeunes té-
légraphistes, les ardeurs qui jadis enflammèrent le pasteur Corydon pour
le bel Alexis.

d'un avocat, beaucoup n'ont pu réunir la somme nécessaire pour rémunérer un *solicitor* de premier ordre et un *barrister* de grande valeur. Ils s'adressent donc à un obscur avoué, qui se contente de faire prendre copie des pièces de l'instruction, de les remettre à un *junior*, avec un *brief* portant un chiffre très modeste d'honoraires et ne contenant aucune sérieuse explication sur les détails de l'affaire (1), aussi la défense est-elle presque toujours pitoyable. Encore n'est-ce pas le cas le plus fréquent : plus de la moitié des accusés n'ont même pas les moyens de payer un *solicitor*, et ils paraissent à la barre, seuls, sans conseils et sans appui ; souvent même, ils n'ont pas trouvé le moyen de faire venir les témoins nécessaires à leur défense.

L'audience ouverte, l'accusé est amené dans le *dock*. De quoi est-il inculpé et comment est qualifié l'acte qu'on lui reproche (2) ? Il l'ignore, s'il n'a pas eu les moyens de payer la copie des dépositions, que l'on ne donne jamais gratuitement, ou s'il n'a pas su qu'il pouvait la réclamer. On ne lui a pas davantage signifié l'acte d'accusation et il n'en a pas été donné lecture, à l'audience. La première et la seule question qu'on lui pose est un vrai guet-apens : « Plaidez-vous coupable ou non coupable ? »

(1) Je rappelle ici que les accusés ne communiquent pas avec leur défenseur ; tout se passe par l'entremise d'un *solicitor* ; ainsi le veut l'étiquette du barreau. — J'ai vu personnellement beaucoup de *briefs* ; ils étaient remis aux avocats, la veille ou le matin de l'audience, et ne contenaient que les pièces de procédure sans un mot d'avis, de conseil ou d'explication.

(2) Ceci a pourtant une énorme importance, car si l'acte est qualifié de *murder* et si l'accusé plaide *guilty*, le juge doit forcément le condamner à mort ; si ce même acte est qualifié de *manslaughter*, le juge peut, avec ce même *plea* de *guilty*, prononcer une simple amende ou même acquitter, au moyen de la formule que l'accusé devra venir entendre prononcer sa sentence s'il en est requis. — Comment un accusé qui n'a pas d'avocat peut-il savoir cela ?

Il faut avoir assisté à cette scène (1), pour comprendre la profondeur du mot de Tacite : *gens nec astuta nec callida* (2). Qu'en savent-ils, ces malheureux, et comment peuvent-ils comprendre la portée de cette question et les conséquences qu'aura leur réponse ?

Si l'accusé dit : *coupable*, tout est fini : pas de témoins, pas de plaidoiries, pas de verdict du jury, aucun moyen d'expliquer les circonstances qui peuvent atténuer la gravité de l'acte ; par un seul mot, tout est avoué : non seulement le crime, tel qu'il est qualifié par l'*indictment*, mais encore toutes les circonstances accessoires et aggravantes.

(1) Voici, entre autres, deux cas que je trouve dans mes notes d'audience.

« Le 8 juillet 1887, comparaît aux assises de Salisbury, Giles A... ; il est accusé de parjure. Le juge lui demande s'il plaide coupable ou non coupable. *Réponse*. Je ne sais pas. Le juge essaie de lui expliquer la différence. R. Je ne comprends pas. — L'affaire est très embrouillée, car si l'accusé a commis un parjure, il a certainement des complices, mais ceux ci n'ont pas été mis en accusation ; bref, il y a infiniment de choses à dire en sa faveur, mais il n'a pas d'avocat ; aucun des quinze *barristers*, qui baillent ou causent en ce moment, n'a l'idée de lui venir en aide et il est condamné, sans se rendre compte de ce qui se passe autour de lui, à cinq ans de servitude pénale.

A la même audience, une malheureuse servante, Julia R..., âgée de 19 ans, est accusée non pas d'infanticide, mais d'avoir dissimulé la naissance d'un enfant naturel, qui n'a pas vécu plus de quelques heures. Elle a l'air stupide, ne dit pas un mot, ne fait comparaître aucun témoin et n'a pas de défenseur. Il y a, dans la salle, plus de douze avocats, dont les uns bavardent, tandis que les autres sommeillent : aucun d'eux ne songe à aider la pauvre fille. Quand les témoins à charge ont déposé, sans que l'accusée ait contre-examiné aucun d'eux, le juge lui dit : Savez-vous de quoi vous êtes accusée ? — Non. — Comprenez-vous ce qu'on vous demande et les conséquences des dépositions que vous avez entendues ? — Non. — Le jury ayant rendu un verdict de culpabilité le juge la condamne à six semaines de prison.

(2) Tacite, *Germania*, ch. xi.

Le juge prononce immédiatement son arrêt, et cet arrêt est sans appel.

Si l'accusé répond : *non coupable*, alors commence l'exposé de l'avocat qui dirige les poursuites, suivi de l'interrogatoire des témoins à charge. Avant que chacun de ceux-ci se retire, le juge demande à l'accusé s'il a quelque question à poser : *Ah, le bon billet qu'a la Châtre !* Comment veut-on que l'infortuné se tire tout seul de ce fameux contre-examen, si admiré des légistes anglais, et qu'il comprenne cette non moins fameuse loi sur les témoignages ? Dès les premiers mots qu'il prononce, le juge l'arrête, en lui disant qu'il discute au lieu d'interroger, et le malheureux renonce à la parole (1).

On lui demande alors s'il a des témoins à décharge. Très souvent, les seuls témoignages qu'il puisse invoquer, sont ceux de sa femme, de son coaccusé ou des personnes qui ont entendu raconter les circonstances dans lesquelles les faits se sont passés, mais il a compté sans l'*admirable* loi d'*évidence*. Cette femme est-elle une épouse légitime ou une concubine ? Dans le premier cas, la loi ne permet pas

---

(1) « Après l'interrogatoire du témoin, vient une scène que beaucoup d'avocats savent par cœur, mais que je ne puis jamais entendre sans souffrir. C'est quelque chose comme ceci. — *Le juge.* Désirez-vous adresser des questions au témoin ? — *L'accusé.* Oui Monsieur, je lui demande ceci : Mylord, je me promenais sur le chemin, avec deux autres hommes, car j'avais appris... *Le juge.* Non, non, cela est votre défense. Posez des questions, vous pourrez plus tard dire au jury tout ce que vous voulez, mais, en ce moment, vous n'avez qu'à poser ces questions. En d'autres termes, l'accusé est obligé, sans en avoir aucune habitude, de pourvoir à sa défense au moyen de questions bien arrangées, dont les avocats habiles passent des années à acquérir l'habitude. Après trois ou quatre interruptions de ce genre, l'accusé est souvent réduit à une extrême perplexité et à un manque de présence d'esprit, et il considère comme respectueux de se taire. » (S. Harris, *Principles of the criminal law*, ch. xiv.)

de l'entendre, et la seule chance favorable est perdue ; dans
le second, au contraire, on admet la déposition. Quant au
coaccusé, autre distinction : son nom est-il porté sur le
même acte d'accusation? son témoignage est inadmissible (1). A-t-on rédigé, contre lui, un *Indictement* séparé,
alors on peut l'interroger. Pour les autres témoins, ce
qu'ils ont à dire n'est que la reproduction d'un ouï-dire
(hearsay évidence) que la loi interdit de répéter. Le résultat
le plus clair de cet extraordinaire système imaginé, dit-on,
dans l'intérêt de l'accusé, c'est de rendre la défense absolument impossible. Et il faut remarquer que ces prohibitions
sont impératives et que le juge n'a pas, comme en France,
un pouvoir discrétionnaire pour faire entendre, à titre de
renseignement, ces témoignages, dont l'importance est
cependant capitale ; il n'y peut même pas faire allusion,
dans son résumé.

La liste des témoins à charge ou à décharge étant
épuisée, l'accusé est invité à prendre la parole. C'est ici
particulièrement qu'éclate l'ironie et qu'elle devient cruelle.
Il y a, dans la salle, cinq, dix avocats, et quelquefois plus,
qui n'ont rien à faire, qui causent, rient, lisent un journal,
parcourent un dossier, ou remuent leur perruque : pas un
d'eux ne se lève pour secourir cet infortuné (2), qui ne sait
ni parler, ni discuter, qui comprend à peine ce qui se passe
et qui, tremblant pour sa vie, son honneur et sa liberté,
manque nécessairement de la présence d'esprit et du sang-
froid qui seraient indispensables, en un tel instant. En réalité, l'accusé balbutie à peine quelques mots, jamais il n'est
capable, je ne dis pas de présenter, mais d'ébaucher une

(1) Arrêt rendu à l'unanimité, par la Cour des cas réservés à la Cou-
ronne, le 27 janvier 1872.

(2) Si l'accusé avait, en poche, une guinée, il pourrait, en l'offrant à
l'un des avocats présents, obliger celui-ci à le défendre, mais, outre
qu'il ignore ce droit que lui confère *généreusement* l'étiquette du barreau,
il n'a pas la guinée nécessaire.

défense utile ou sérieuse. S'il n'a pas fait entendre de témoins à décharge, nul ne prend la parole après lui; mais, dans le cas contraire, l'avocat qui exerce les poursuites se lève pour appuyer l'accusation et le dernier mot n'appartient pas à la défense.

Alors, vient le *summing up* : c'est un modèle de mesure, d'impartialité, j'ajouterai même de bienveillance, mais enfin, si parfaitement humain que soit le juge, il ne peut résumer autre chose que ce qui a été dit, il n'a ni le moyen, ni le droit d'inventer des arguments ou des excuses.

Le jury ignore les antécédents de l'accusé; il sait que, s'il y a eu des condamnations antérieures, on le lui a soigneusement caché; il peut donc tout soupçonner, il condamne et, en cela, il ne fait qu'accomplir son devoir.

En résumé, l'impression qui se dégage d'une étude attentive se formule par cette double conclusion :

Il n'est pas possible d'imaginer un système qui donne plus de facilités à un accusé coupable, mais riche, pour échapper à une condamnation.

Il est difficile de concevoir un système qui assure à un accusé non coupable, mais pauvre, moins de facilités pour faire éclater son innocence.

Je n'ignore pas qu'en émettant ces deux propositions, je heurte de front les opinions universellement reçues en Angleterre, et généralement admises à l'étranger : il me paraît donc indispensable de les justifier. Pour préciser davantage ma pensée, je prendrai successivement deux exemples.

Le premier, est celui d'un individu coupable, mais riche. Un homme perdu de vice et déjà condamné par la justice, maltraite habituellement sa femme. Cette dernière raconte à plusieurs parents ou amis les violences et les menaces de son mari, elle exprime la crainte d'être tuée par lui. Peu de jours après, les domestiques entendent le bruit d'une arme à feu, ils accourent, et ils trouvent leur maîtresse couverte de sang. On cherche la police et le médecin : ce dernier déclare que la mort est prochaine, et l'on fait venir un juge de paix, auquel la victime raconte, sous la foi du serment, ce qu'ont été ses souffrances et avec quelle cruauté son mari l'a frappée. Elle meurt le lendemain.

Le *coroner* est prévenu : il réunit ses jurés, dans un cabaret quelconque et, après que ceux-ci se sont convenablement rafraîchis, il les conduit en présence du cadavre. Puis, ce que l'on nomme pompeusement la Cour du *coroner* reprend séance, dans l'arrière-boutique du marchand de vin. Le *coroner* fait comparaître le médecin qui a fait l'exa... en *post mortem*, et le *constable* qui, le premier, a été appelé sur les lieux : cela suffit, car les faits ne sont pas douteux, et le jury rend un verdict constatant que la victime est morte, à la suite de violences exercées sur elle par son époux. Légalement, l'instruction pourrait s'arrêter là et ce verdict suffit pour ordonner le renvoi devant le grand jury ; mais, en fait, on conduit l'accusé devant une cour de juridiction sommaire. Les magistrats connaissent les résultats de l'enquête du *coroner*, ils savent que l'affaire dépasse les limites de leur compétence, ils se bornent donc à recevoir les témoignages suffisants pour justifier un *commitment*, c'est-à-dire qu'ils entendent, de nouveau, le médecin et le *constable*, après quoi l'accusé, auquel on a lu la fameuse phrase de l'acte de Jervis, déclare réserver sa défense et les magistrats ordonnent le renvoi aux assises.

Alors se pose la question de mise en liberté sous caution. Le *solicitor* ou l'avocat de l'accusé font ressortir que ce dernier n'a probablement agi qu'après avoir été fortement provoqué *(under a strong provocation)*, que la mort de la femme a été le résultat d'un accident et qu'il n'y a pas de motif pour maintenir en prison un homme riche, qui se tiendra toujours à la disposition de la justice. Les magistrats consentent à la mise en liberté, mais en imposant, vu la gravité du cas, une caution sérieuse *(a substantial bail)* et ils font prêter, au *constable*, serment de poursuivre l'affaire devant les assises.

Le greffier de paix s'occupe alors de préparer l'acte de mise en accusation (*indictment*) et la liste des témoins à entendre ; le cas étant grave, il se met en rapports avec le directeur des poursuites publiques, et il charge un avocat de soutenir l'accusation.

Pendant ce temps, si l'accusé redoute une condamnation, il peut fuir à l'étranger, avec la quasi-certitude que son extradition, même si elle est permise par les traités, ne sera pas réclamée. S'il ne veut pas s'expatrier, il étudie, avec son *solicitor*, les moyens d'agir sur les témoins qu'il redoute : ce sont les domestiques qui auraient pu personnellement assister à ses actes de violence ; on peut, avec de l'argent, ou par d'autres procédés, obtenir qu'ils soient absents, malades, privés de mémoire, ou incertains de ce qu'ils ont vu.

Au jour du procès, l'accusé est assisté de deux habiles avocats, et j'ai dit quelle arme terrible est le contre-examen, quelles tortures morales il permet d'infliger, car s'il est interdit de dévoiler le passé de l'accusé, il est permis de faire connaître celui des témoins, de sorte que ces derniers, troublés, intimidés, craignant, s'ils ont quelque misère cachée, de la voir dévoilée en public, se trouvent forcément très gênés.

L'audience ouverte, l'accusé, bien conseillé, déclare plaider *non coupable*. Le juge ne lui pose aucune question ; le jury ne sait quel homme on lui présente, on lui laisse tout ignorer, y eût-il déjà dix condamnations antérieures. L'avocat qui soutient la poursuite expose les faits, puis il fait entendre les témoins à charge. C'est d'abord le *constable :* celui-ci ne sait qu'une chose, c'est qu'il a trouvé une femme couverte de sang, dans une chambre, mais il ne peut répéter un mot de ce que lui ont dit d'autres personnes (*hearsay*), ni donner un renseignement sur la moralité de l'accusé. Puis vient le médecin : celui-ci expose qu'on l'a appelé près d'une femme blessée par un coup de *revolver* et qui est morte le lendemain ; lui non plus ne peut pas reproduire les paroles qu'il a entendues. Il faudrait pourtant savoir ce qui s'est passé : c'est ici qu'apparaît, dans toute sa beauté, la loi sur l'*evidence*.

Pour établir la vérité, il y a deux moyens : les présomptions et les preuves. Si l'accusé était un mari tendre, fidèle et aimé de sa femme, on peut croire à un accident ; si c'était le contraire, le crime est probable. Il serait naturel de demander aux parents, aux amis, ce que la victime leur avait dit à cet égard : point du tout, c'est un témoignage de ouï-dire (*hearsay*), qui n'est pas admissible. On pourrait, du moins, connaître ce qui se passait, dans cet intérieur ; les domestiques doivent le savoir, seulement, il leur est interdit de répéter ce que leur a dit leur maîtresse ; ils peuvent simplement raconter ce qu'ils ont vu de leurs propres yeux et, comme il est probable que l'accusé n'a pas maltraité sa femme en leur présence, leur déposition n'a pas grand intérêt. En tous cas, s'ils n'ont pas été achetés pour se taire ou pour mentir, qu'ils prennent garde au *cross examination !* Non seulement le défenseur tentera de les mettre en contradiction avec eux-mêmes ou avec leurs camarades, mais encore il essaiera de prouver que leur témoignage n'a aucune valeur, en leur posant des questions sur leurs antécédents et en les forçant à dévoiler leurs propres turpitudes.

Quoi qu'il en soit, il n'y a jusqu'ici que des présomptions. En admettant même que l'accusation ait établi ce fait, malheureusement trop fréquent, qu'un ivrogne a, plusieurs fois, frappé sa femme, on ne peut pas en conclure qu'il a voulu la tuer. Où sont les preuves ! Le drame n'a eu que deux témoins : l'un est accusé, et il est muet, de par la loi, l'autre est mort, mais, avant de rendre le dernier soupir, il a parlé, sous la foi du serment, dans un moment où la plus vile créature n'oserait mentir ; il a raconté à un magistrat, en présence même de l'accusé, toutes les circonstances du crime, l'infâme conduite du meurtrier, ses ignobles motifs, ses raffinements de cruauté. La vérité est donc connue, elle est là, on la tient. Non, non, elle est contenue dans une déclaration de mourant (*dying deposition*) et le défenseur s'oppose absolument à ce que l'on en donne connaissance. Le juge reconnaît que la déposition a été régulièrement reçue par un magistrat, que l'accusé, étant présent, a pu *cross-examine* la victime, que cette dernière savait positivement qu'elle allait mourir et avait perdu tout espoir de survivre... Seulement, il était possible qu'elle eût conservé, au fond du cœur, la pensée que peut-être la mort viendrait le lendemain et non le jour même : dès lors, ce témoignage est inadmissible et le jury ignore absolument le premier mot de ce que contient le seul document décisif.

Alors, l'accusation s'effondre et il arrive souvent qu'en présence de cet incident l'avocat qui poursuit déclare renoncer à la soutenir, auquel cas le juge invite le jury à répondre immédiatement *non coupable*. Si l'accusateur persiste, on entend les témoins à décharge : les moyens de l'accusé lui permettent d'en faire comparaître un grand nombre, et ceux-ci, à l'envi, établissent sa bonne réputation, ce qui est d'autant plus facile qu'il est interdit de les contredire et de mêler un mot de blâme à l'éloge. Suivant eux, l'accusé est un homme de la plus haute *respectability*, d'une probité sans tache, d'une moralité au dessus de tout soupçon. Pour peu qu'il ait été suffisamment hypocrite et généreux pour le culte, le *clergyman* de la paroisse vient témoigner de l'intégrité de ce saint homme et lui donner *a high character*. C'est ainsi que, par tartuferie ou moyennant finance, on obtient tous les témoignages favorables, sans que la défense puisse les contredire ou leur opposer une déposition en sens contraire.

La liste épuisée, le défenseur commence sa plaidoirie :

Il fait remarquer au jury qu'il n'existe absolument aucune preuve contre son client. Assurément, une personne a été tuée, mais comment admettre la culpabilité d'un homme aussi universellement estimé, respecté de ses voisins, de son pasteur; il y a eu, sans doute, un déplorable accident, un acte involontaire; en tout cas, si le jury a le moindre doute, son devoir est de déclarer l'accusé non coupable. Le juge entend tout cela; il a, sous les yeux, la déclaration de la victime et un bulletin mentionnant plusieurs condamnations antérieures, mais il ne bronche pas et, lorsqu'il prononce son résumé, il répète imperturbablement tous les témoignages produits en faveur de la *respectability* de l'accusé, il fait remarquer qu'il n'y a, en effet, aucune preuve directe (*no direct evidence*), que nul n'a été témoin personnel du fait, etc. Le jury acquitte, et le drame finit par une comédie.

Si les jurés sont fermes et ont une dose particulière de ce bon sens, qui est si vraiment commun en Angleterre, ils voient peut-être plus juste et plus loin, mais il est difficile que les douze soient d'accord pour condamner, sans une preuve certaine, et alors ils rendent un verdict négatif sur la qualification de meurtre, et affirmatif seulement sur celle de blessures graves, ce qui permet d'abaisser la pénalité jusqu'à l'acquittement, déguisé sous une formule légale.

Voici un second exemple : trois hommes sont attablés dans un cabaret, avec la femme de l'un d'eux. Les têtes s'échauffent, un des buveurs insulte ses compagnons et les frappe brutalement, puis la paix se rétablit et la femme se retire. Peu après, l'agresseur revient à la charge et se porte, de nouveau, à des voies de fait contre ses deux camarades : ceux-ci, en se défendant, font tomber l'ivrogne, qui reste étendu, insensible, sur le sol. Les gens du logis secourent le blessé, qui retrouve un moment connaissance et raconte, devant ceux qui l'entourent, comment les faits se sont passés; il meurt le lendemain. Je n'insiste pas sur le

coroner, ni sur la Cour de juridiction sommaire... Voici les
deux hommes devant les assises. Ils sont pauvres et n'ont
pas d'avocat ; n'ayant jamais comparu en justice, ils ignorent
les splendeurs de la loi sur l'*evidence*, et ce que veulent
dire les formules légales. Le juge ou le greffier demande au
premier : Plaidez-vous *coupable* ou *non coupable ?* Le fait
matériel étant indéniable, il répond : *coupable*, sans prévoir
les conséquences de ce simple mot. Alors, il n'y a plus ni
témoins, ni questions, l'accusé reste muet en face du juge,
pour lequel le *plea* de *coupable* signifie légalement que
l'accusé avoue l'acte porté sur l'*indictment*, avec toutes les
circonstances accessoires et aggravantes qu'il a plu au
greffier de paix d'y insérer. Si ce document comprend un
premier chef de *murder* et un autre chef subsidiaire, qua-
lifiant l'acte de *manslaughter* seulement, c'est le premier
crime que le malheureux est censé avouer et le juge n'a pas
le choix : il prononce la peine de mort. Si l'acte d'accusation
porte seulement *manslaughter*, le magistrat a le droit de
condamner à la servitude pénale à perpétuité.

Prenons l'autre hypothèse : l'accusé a plaidé *non coupable*. Alors l'avocat qui poursuit expose les faits, il inter-
roge les voisins, le *constable* et le médecin : chacun d'eux
ne peut raconter que ce qu'il a vu, à savoir qu'il a été
appelé auprès d'un individu blessé et que la victime a suc-
combé à ses blessures. Dans quelles circonstances ? La scène
n'a eu que trois témoins : l'un est précisément l'accusé,
mais il est interdit de lui poser une question et, comme il
ne s'agit pas d'un attentat aux mœurs, il ne peut pas être
admis à témoigner. L'autre est le défunt : il a bien raconté
les faits, mais aucun des témoins ne peut répéter un mot de
sa déclaration ; c'est une *hearsay evidence*. Le troisième
est le coaccusé, mais le greffier de paix a économisé une
feuille de parchemin et l'a compris dans le même *indictment ;* dès lors son témoignage est inadmissible. Une qua-
trième personne a vu le commencement de la scène, et

d'où est partie la provocation : si elle n'était que la maîtresse de l'accusé, on l'entendrait, mais elle est sa femme : *vade retro.*

Les débats sont clos et le magistrat dit à l'accusé qu'il peut présenter sa défense. Cette phrase fait l'effet d'une mauvaise plaisanterie : voit-on un malheureux ouvrier, d'une intelligence ordinaire, entreprendre une plaidoirie ? Il se tait ou balbutie quelques mots inintelligibles.

Quelle est la position du jury ? Il est appelé à juger un fait, sur lequel quatre personnes pouvaient le renseigner, et la loi n'a permis de lui faire connaître le témoignage d'aucune d'elles. Il ignore les antécédents de l'accusé, mais il peut tout croire, car il sait que, s'il y a des condamnations antérieures, on le lui a soigneusement caché. Ce qui est certain, c'est qu'un individu est mort, après avoir été frappé par l'accusé. Le défunt était peut-être le plus brave homme du monde, peut-être aussi l'accusé est-il un misérable déjà plusieurs fois condamné, qui, après avoir attiré sa victime dans un guet-apens, l'a brutalement frappée, pour satisfaire sa haine et s'est acharné sur elle, jusqu'à ce qu'il l'ait crue morte. Il n'est pas étonnant que les jurés répondent : *coupable.*

Assurément, le juge, en prononçant la condamnation, tiendra compte des renseignements qui sont légalement inadmissibles (1), mais comment admirer la protection dont la loi est censée entourer l'accusé ?

Voyons cependant comment les choses se passent, en France, et quelle analogie notre procédure peut offrir avec celle des Tudors. Je suppose deux cas semblables à ceux dont je viens de parler, mais je puis les suivre simultané-

---

(1) Il est bien évident que j'ai poussé le tableau au noir et que toutes les circonstances que j'ai prévues se trouvent rarement réunies ; il est également certain que les juges atténuent considérablement les défauts de la loi ou de la jurisprudence ; ce que j'ai voulu faire ressortir, ce sont les vices du système.

ment, puisque la procédure sera identique. Un crime a été commis : le parquet en est aussitôt avisé. Un juge d'instruction et un substitut se rendent sur les lieux et interrogent la victime ; l'accusé est arrêté et subit un premier interrogatoire. On pense, non sans raison, que lorsqu'un fait a eu deux témoins seulement, le moyen de savoir la vérité est de les interroger tous deux. L'accusé est incarcéré, car la mise en liberté provisoire ne peut être accordée dans ce cas. Sur ce point, les dispositions de l'art. 113 du Code d'instruction criminelle sont trop étroites. Elles sont, en général, interprétées assez largement (1), mais il y aurait assurément lieu de les étendre encore. Là, toutefois, ne s'arrêtent pas les pouvoirs du magistrat ; la loi lui confère un droit très grave, celui d'ordonner la mise au secret (2). Cette disposition ne devait être maintenue que pour les cas les plus graves de complots contre la sûreté de l'État ; en toute autre circonstance, elle est injustifiable et c'est avec raison que les Anglais la stigmatisent. Ce que l'on peut dire, toutefois, c'est qu'elle est très rarement appliquée. Elle est, d'ailleurs, moins cruelle que le supplice du *chat à neuf queues,* que la loi d'Angleterre permet d'infliger, dans certains cas.

L'instruction est secrète : c'est là le grand reproche que nos voisins adressent à notre procédure (3), et je le crois

(1) Dans le cas de duel, par exemple, on accorde la liberté provisoire, même lorsque l'accusé a tué son adversaire.

(2) On a vu cette mesure ordonnée dans certains cas où elle était inutilement cruelle. On se souvient, par exemple, que, sous le second Empire, on soumit quelque temps à ce régime un banquier israélite, M. Mirès, qui n'était assurément pas plus intéressant que tout autre manieur d'argent, mais qui n'était pas bien coupable, puisqu'il a été finalement acquitté.

(3) La substitution d'une instruction secrète à notre interrogatoire public nous paraîtrait empoisonner la justice dans sa source. (Stephen, *History of the criminal law,* vol. I, ch. xv.)

parfaitement fondé ; en Angleterre, l'instruction n'est pas légalement publique et la loi (1) dispose expressément qu'elle n'a pas lieu dans une « cour ouverte » (*in open court*); en fait, cependant, les journalistes ne sont jamais exclus et c'est là le vrai et utile public. Mais il y a pis : d'après les règles de notre procédure criminelle, l'accusé n'est pas présent, lorsque les témoins sont entendus et, lorsqu'il comparait lui-même devant le juge, il n'est pas assisté de son avocat. Je ne veux pas dire que le juge d'instruction tende des pièges à l'accusé ou le pousse trop vivement à faire des aveux, mais enfin cela peut arriver : de jeunes magistrats, nommés dans les conditions où se font actuellement les choix, sont capables de faire du zèle ; ils peuvent diriger très partialement et vivement les poursuites contre les prévenus non agréables au pouvoir et agir en sens opposé, s'il s'agit d'un *frère et ami*. Ce système présente donc un grave inconvénient qu'il faudrait éviter, sans pourtant que l'on puisse prononcer sérieusement le mot de torture (2). Sur ce point, la procédure de nos voisins me paraît infiniment plus humaine et plus juste ; seulement, il ne faut pas oublier qu'en Angleterre les personnes aisées ont seules des défenseurs, de sorte que la très grande majorité des accusés ne peuvent pas faire le moindre usage des facultés que la loi ou les coutumes leur octroient.

L'instruction terminée, le dossier est soumis à la Chambre des mises en accusation : c'est là un rouage inutile, et qui, tout au moins dans les affaires touchant à la

---

(1) Acte 11 et 12, Victoria, ch. 42, art. 19. — On a vu qu'en Écosse l'instruction est secrète, comme en France.

(2) « Garder un homme en prison et l'interroger jusqu'à ce qu'il soit amené à avouer n'en est pas moins une vraie torture, quoique le moyen soit prolongé au lieu d'être aigu. » (Stephen, *History of the criminal law* vol. I, ch. xv.)

politique, offre moins de garanties d'impartialité que le grand jury (1).

Avant l'audience, l'accusé reçoit gratuitement copie de l'acte d'accusation, des dépositions des témoins et de la liste du jury ; si ses moyens ne lui permettent pas de faire venir, à ses frais, les témoins dont il désire la comparution, le ministère public les fait assigner. Enfin le président doit s'assurer que chaque accusé a un défenseur et sinon « lui en désigner un sur-le-champ, à peine de nullité de tout ce qui suivra (2) ».

Le défenseur a communication de toute la procédure, il voit son client librement et sans l'intermédiaire d'un avoué, il cause avec lui, examine s'il y a lieu de former une demande de nullité de la procédure, il s'adresse au ministère public, pour faire convoquer les témoins à décharge, etc. ; bref, son concours est de tous les instants, et il est absolument gratuit.

L'audience s'ouvre et les accusés, riches ou pauvres, sont sur le pied de la plus parfaite égalité. Évidemment, l'avocat d'office n'est pas un des maîtres du barreau : c'est souvent un novice, mais qui, ayant du loisir, de l'amour-propre et le désir de se distinguer, donne tous ses soins à l'affaire.

Tout accusé a donc reçu, avant l'audience, les conseils d'un défenseur, qui lui a expliqué la portée de l'acte d'accusation et lui a donné tous les avis utiles en pareil cas. Au tirage du jury, il est assisté de son avocat, qui exerce largement le droit de récusation non motivée (3).

(1) On pourrait dire le contraire pour les cas ordinaires ; en effet, la loi ne permet pas aux magistrats qui ont prononcé la mise en accusation de prendre part au jugement, tandis qu'en Angleterre les juges de paix qui ont prononcé un renvoi, en cour de petites sessions, peuvent siéger comme juges aux sessions trimestrielles et, comme grands jurés, aux assises.

(2) Art. 294 du Code d'instruction criminelle.

(3) On sait qu'en Angleterre le droit de récusation n'est presque jamais exercé.

Les débats commencent et le premier soin est de faire connaître, à l'accusé et au jury, les chefs d'accusation. Les Anglais critiquent la forme des actes d'accusation qu'ils comparent à leurs *indictments* : c'est qu'ils confondent deux choses différentes. Ce qui correspond à l'*indictment*, c'est l'arrêt de la chambre des mises en accusation, qui est un document sec et sans phrases ; l'acte de mise en accusation est représenté chez eux par l'exposé d'ouverture (*opening speech*) de l'avocat qui dirige les poursuites. Stephen prétend que nos actes d'accusation ressemblent à « l'extrait d'un roman piquant et pointu » : il est possible que leur rédaction laisse quelquefois à désirer, mais c'est là un détail de peu d'importance.

Vient l'interrogatoire de l'accusé : ici, grandes critiques de nos voisins (1). Il faudrait pourtant aller au fond des choses. Je constate d'abord que cette formalité n'est pas prévue par notre Code : elle n'existe qu'en vertu d'un usage, je reconnais ensuite que sa forme prête souvent à la critique ; certains présidents sont violents, passionnés, ils prennent à partie l'accusé et le pressent trop vivement de faire des aveux ; d'autres sont caustiques et essaient, généralement, d'ailleurs, sans succès, de faire de l'esprit.

Il y a certainement beaucoup à dire sur cette question de forme et l'on peut notamment se demander s'il ne vaudrait

---

(1) « L'accusé est interrogé avec la plus extrême sévérité et avec de continuels reproches, sarcasmes et exhortations... ; tout cela fait du juge une partie et, ce qui pis est, une partie hostile à l'accusé et, en outre, il me semble que cela le place dans une situation qui manque essentiellement de dignité et qui est incompatible avec ses autres devoirs. Le devoir du juge est celui d'un auditeur qui écoute attentivement ce qui se dit dans les deux sens, et non celui d'un investigateur. Un juge anglais se considérerait comme dégradé s'il était sollicité ou requis d'entrer en conflit personnel avec l'accusé et de lui extorquer des aveux par un interrogatoire, etc. » (Stephen, *History of the criminal law*, vol. I, ch. XV.)

pas mieux que les questions fussent respectivement posées
par le défenseur et par le ministère public, mais, au fond,
l'interrogatoire n'est pas très nuisible à un accusé coupable
et il peut être de la plus grande utilité à l'accusé innocent ;
Stephen le reconnaît lui-même. D'ailleurs, l'accusé est
maître de se taire ; son avocat est là, près de lui, pouvant,
à tout moment de l'audience, lui donner un avis (1) ; ce qui
peut arriver de plus grave, c'est qu'il se décide à avouer sa
culpabilité. Le lui défend-on, en Angleterre ? Par deux fois,
au contraire, on l'y invite : à la fin de l'instruction d'abord,
et ensuite au début de l'audience, lorsque, sans prépa-
ration, sans lui indiquer la redoutable portée de cet acte,
on lui demande : plaidez-vous coupable ?

Quelles sont les conséquences de l'aveu ? En Angleterre,
la condamnation immédiate et sans phrases, sans plaidoirie,
sans circonstances atténuantes, c'est-à-dire, en cas de
meurtre, la mort. En France, l'aveu ne modifie en rien la
procédure, les débats se poursuivent, dans le même ordre,
tous les témoins à décharge sont entendus, le défenseur
plaide et le jury peut acquitter ou accorder des circonstances atténuantes. Des deux législations, quelle est la plus
humaine ?

J'arrive aux dépositions : sous le rapport de la forme,
elles sont mal reçues, dans les cours d'Angleterre ; les
témoins restent dans la salle d'audience, pendant les débats :
en France, on a soin de les tenir écartés, jusqu'au moment
où commence leur propre interrogatoire. Ici, grande différence dans les usages des deux pays. L'article 319 du Code
d'instruction criminelle ne permet à l'accusé ou au défenseur de questionner un témoin que « par l'organe du prési-

(1) Faut-il rappeler une fois encore que l'accusé anglais ne connaît
pas son avocat, ne l'a pas vu, n'a communiqué avec lui que par l'intermédiaire d'un *solicitor*, se trouve très loin de lui, à l'audience, et ne
peut lui parler.

dent ». C'est là une disposition fâcheuse, qui gêne et entrave considérablement le droit de contre-examen et qui devrait disparaître (1) sans cependant que l'on enlève au président le droit d'intervenir, pour empêcher de poser certaines questions. Sur ce point, en effet, le système anglais prête à un déplorable abus. Il est très légitime de presser un témoin, pour essayer de montrer qu'il se trompe ou qu'il ment, mais il est odieux de dévoiler ou de le forcer à confesser les misères de sa vie privée, sous prétexte de diminuer la valeur de son témoignage. Un citoyen est, par hasard, témoin d'un assassinat, il est forcé de venir déposer en justice et le défenseur pourra, sous prétexte de discréditer son *evidence*, lui faire avouer une ancienne condamnation oubliée de tous, une mise en faillite restée inconnue, etc. Sans doute, comme le fait remarquer Stephen, un jugement est un combat, et il faut bien y employer des armes, mais encore faut-il que ces armes ne blessent pas les innocents.

Quant aux témoignages admissibles, notre Code repousse, outre celui de l'épouse, ceux des ascendants, descendants frères, sœurs et alliés au même degré, mais il ne contient pas les autres restrictions de la loi anglaise, pour les déclarations des mourants, les ouï-dire, etc. La règle, d'ailleurs, est tempérée par ce fait que les personnes exclues par le Code peuvent être néanmoins interrogées, avec le consentement de l'accusé, et que le président peut, en vertu de son pouvoir discrétionnaire, faire entendre, à titre de renseignement et sans serment, les personnes qui ne pourraient autrement témoigner ; il peut aussi faire donner

(1) « Le président n'a pas ces forts motifs de douter de la véracité du témoin qui, seuls, rendent le contre-examen effectif... L'accusé doit interroger par son intermédiaire ; or interroger un témoin par une tierce personne qui est probablement hostile ou indifférente à celui qui pose les questions, est aussi peu efficace qu'il le serait de se battre en disant à un suppléant où il faut frapper. » (Stephen, *History of criminal law*, vol. I, ch. xv.)

lecture des dépositions ou renseignements recueillis dans l'instruction, de telle sorte, par exemple, que, dans les deux cas que j'ai supposés, un jury français serait en possession de tous les témoignages et pourrait, par conséquent, rendre, en pleine connaissance de cause, un verdict sérieux.

Après les dépositions, vient le réquisitoire, puis la plaidoirie du défenseur ; le ministère public et la partie civile peuvent répliquer, mais la loi porte que « l'accusé ou son conseil auront toujours la parole les derniers (1) », tandis qu'en Angleterre, c'est l'accusation qui a, la plupart du temps, le mot ultime.

Si les magistrats du parquet soutiennent l'accusation plus vivement que les avocats anglais chargés de ce rôle, on peut dire aussi que la défense est présentée avec autrement de vigueur et de liberté. Les avocats ne restent pas sur la défensive, ils discutent le point de droit, aussi bien que les questions de fait, ils attaquent la loi elle-même et, si grande que soit la tolérance des juges anglais, elle serait assurément moindre que celle de nos magistrats (2).

Le résumé a été supprimé par une loi récente : le législateur a voulu réagir contre un abus qui était, en effet, trop commun, celui de la partialité des présidents d'assises, dont beaucoup semblaient prendre trop ouvertement parti pour l'accusation. Le remède me semble trop violent et l'on est passé d'un extrême à l'autre. Pour des juges d'occasion, on pourrait dire d'impression, tels que les jurés, le *summing up* du juge anglais est de la plus grande valeur, mais il est toujours admirablement impartial et tient la balance très

(1) Art. 335 du Code d'instruction criminelle.

(2) Je n'hésite pas à reconnaître que, sur ce point, la justice anglaise est dans le vrai. « Mettre le sentiment à la place de la loi ou laisser interrompre ou détourner l'administration de la justice par des appels au sentiment, dit Stephen, c'est priver la loi criminelle de ses attributs les plus caractéristiques, les plus efficaces et les plus salutaires. » (*History of the criminal law* vol. I, ch. XV.)

égale entre l'accusation et la défense. C'est que le magistrat
anglais a été longtemps avocat, il a joué le rôle d'accusateur et de défenseur; le conseiller français n'a généralement été au barreau qu'en qualité de stagiaire, mais il a
fait partie du ministère public, il a été juge d'instruction
ou de police correctionnelle, et il ne peut, malgré son bon
vouloir, l'oublier tout à fait. Quoi qu'il en soit, on doit
avouer que l'abolition du résumé est singulièrement favorable à l'accusé.

Les débats clos, et sous l'impression de la plaidoirie du
défenseur, le jury se retire pour délibérer. Il a eu tous les
moyens possibles pour se former une juste opinion, il
connaît les antécédents de l'accusé : dans le premier des
cas que j'ai cités, il saura que c'est un débauché violent, il
aura entendu le récit que la victime a fait avant de mourir;
dans le second, il sera certain que c'est un brave homme,
n'ayant encouru aucune condamnation, il aura appris le
récit fait par l'ivrogne querelleur. Enfin, dans les deux
affaires, les jurés auront entendu l'accusé répondre à l'interrogatoire, ils connaîtront le son de sa voix, son accent,
son attitude, ils jugeront de la sincérité des regrets exprimés. Un jury anglais pourra tout soupçonner, mais il ne
saura rien de certain sur les antécédents, il ne connaîtra
les faits que très imparfaitement, et souvent, en arrêtant sa
décision, il fera un saut dans l'inconnu.

Quant au verdict, la loi anglaise exige qu'il soit rendu à
l'unanimité, et l'on attache à ce point une telle importance
que Stephen écrit : « Si le principe de l'unanimité est abandonné, il faut abolir l'institution même du jury (1) ». Notre
Code exige simplement la majorité. Où donc est la vérité ?
Sur ce point, je crois qu'on ne saurait faire une réponse
absolue. L'unanimité est assurément meilleure, en principe, et les Anglais ont raison d'y tenir, parce qu'elle est

---

(1) *History of the criminal law*, vol. I, ch. IX.

possible chez eux, mais, pour qui connaît le caractère français, comment croire que douze individus pourraient habituellement s'accorder?

En France, le verdict peut être accompagné de circonstances atténuantes, qui lient la Cour et l'obligent à diminuer la peine (1). En Angleterre, le jury peut seulement ajouter une forte recommandation à pitié (*a strong recommandation to mercy*), dont le juge tient habituellement compte, sans toutefois qu'il puisse se dispenser de prononcer la peine de mort, dans les cas de meurtre.

Quant à l'application de la peine, on sait que le pouvoir des juges anglais est immense et que leur clémence est presque toujours illimitée. Je reconnais que, dans la très grande majorité des cas, ils font de cette puissance un très noble, très digne et très intelligent usage (2), mais je puis dire ici : *quo minus invideo, miror magis*. Non, je n'ose envier une aussi large discrétion pour nos tribunaux, j'ajoute même que leur pouvoir actuel me semble encore trop large. Assurément, s'il n'y avait, dans notre pays, que quinze présidents d'assises, choisis et payés comme les juges du Banc de la Reine, ayant la même position sociale, la même indépendance de caractère, on ne pourrait adresser aucune critique à notre Code pénal. Tant qu'il n'en sera pas ainsi, la loi devrait limiter plus étroitement le pouvoir du juge, laisser au jury une plus grande influence sur la durée de la peine à infliger et surtout lui confier absolument

(1) Cette disposition est très vivement critiquée par les juges anglais, et notamment par Stephen. S'ils savaient de quelle façon s'exerce, en France, le droit de grâce, ils changeraient probablement d'opinion.

(2) Lord Camden disait : « La discrétion des juges, c'est la loi des tyrans. Elle est toujours inconnue, elle est différente, chez les différents hommes, elle est incertaine et dépend de la constitution, du caractère et de la passion. Chez les meilleurs, c'est souvent du caprice, chez les plus mauvais, ce sont tous les vices, toutes les folies et toutes les passions auxquelles la nature humaine est sujette. » (*State trials*, vol. VII, p. 58.)

le droit de fixer le chiffre des dommages-intérêts : il pourrait, sur ce dernier point, commettre des erreurs ou des injustices (1) ; il en ferait de moins graves, sans doute, que celles dont l'opinion honnête est parfois émue ; en tout cas, le discrédit n'en tomberait pas sur la magistrature.

Dans ce résumé très bref, je n'ai tenté ni de dissimuler, ni d'atténuer les reproches que l'on peut adresser à notre procédure criminelle ; elle me paraît, sur certains points, inférieure, sur d'autres, supérieure à celle de l'Angleterre ; en tout cas je n'y ai rien vu qui rappelle, même de loin, les cruautés du temps des Tudors ou des Stuarts. J'y trouve, au contraire, plus d'humanité que dans le système conservé par nos voisins jusqu'au milieu du XIXe siècle et j'y rencontre de très grandes analogies avec la législation actuelle de l'Écosse. Les critiques si vivement formulées par les auteurs anglais sont fondées dans une certaine mesure, lorsqu'elles s'adressent à la façon dont la loi est trop souvent appliquée par nos magistrats ; elles sont excessives, lorsqu'elles s'appliquent à la loi même.

(1) On critique souvent, en France, les faiblesses et les erreurs du jury et cela n'est pas sans raison, mais on a tort de s'en prendre à l'institution ; ce qu'il faut critiquer, c'est la façon dont le jury est composé. Si les listes étaient bien faites, l'instrument serait excellent.

Orléans. — Imp. Paul Pigelet.